F 2735
capitaine

12948

STATUTS
ET REGLEMENS
DE LA COMMUNAUTÉ
DES MAISTRES EXPERTS
JURÉS-ECRIVAINS,

EXPEDITIONNAIRES ET ARITHMETICIENS,
Teneurs de Livres de Comptes en cette Ville de Paris,
Etablis pour la Vérification des Ecritures, Signatures,
Comptes & Calculs contestés en Justice.

Du trente Janvier 1727.

Confirmés par Lettres Patentes du Roy, du mois de Decembre 1727.
Regiſtrées en Parlement le 3 Septembre 1728.

Obtenus à la diligence & par les ſoins de Maiſtre ANDRE' CAILLET,
Syndic en 1728.

Réimprimés à la diligence de Maiſtre VINCENT MONLEON, à préſent
Syndic, & de JEAN-MICHEL MIGNON, Greffier, en 1754.

M. DCC. LIV.

TABLE

DU CONTENU EN CHAQUE ARTICLE

DES PRESENS STATUTS.

ARTICLE PREMIER.

QUALITE'S requises pour être reçû à tenir Classes & Bureau d'Ecrivain Public.

II.

Age, Experience & Examens nécessaires pour être reçû.

III.

Défenses d'enseigner chez soi, ni en ville, & de tenir Bureau sans qualité.

IV.

Obligation de signer par chaque Maître les Ouvrages faits pour le Public.

V.

Défenses de prendre le titre d'Ecrivain sans être reçû.

VI.

A quel âge les Fils de Maître pourront être reçûs, & à quoi obligés.

VII.

Leur Reception Gratis, par le Doyen & vingt-quatre Anciens.

VIII.

Quelle somme payeront les Aspirans à la Maîtrise pour leur Reception.

IX.

Présentation des Aspirans à la Maîtrise par le Doyen & vingt-quatre Anciens alternativement.

X.

Quelle somme payeront les Fils de Maître nés avant la Reception de leur Pere.

XI.

Age requis pour assister aux vérifications.

X I I.

Tableaux pour indiquer la demeure des Maîtres : défenses d'apposer aucune affiche à cet effet, ni annoncer leur demeure par aucuns Billets, à peine d'amende.

X I I I.

Pouvoir aux Veuves de tenir Claffe, & faire exercer par une perfonne capable & avouée des Syndics, Greffier, Doyen & vingt-quatre Anciens : Défenfes aux Exerçans pour les Veuves d'affifter aux Vérifications, à peine de faux & d'amende.

X I V.

Privilege des Veuves qui voudront fe remarier en fecondes Nôces, égal à celui des Filles nées pendant la Maîtrife de leur Pere.

X V.

Connoiffance des conteftations entre les Maîtres, attribuée à Monfieur le Lieutenant Général de Police.

X V I.

Service des deux Fêtes de Saint Jean l'Evangelifte.

X V I I.

Election des Syndic & Greffier, quand & comment doit être faite.

X V I I I.

Fonctions defdits Syndic & Greffier.

X I X.

Affemblées, où feront faites : Amende contre les abfens ou refufans de figner les Déliberations de la Communauté.

X X.

Affemblées; de qui feront compofées.

X X I.

Affemblées : Devoir du Greffier, les jours qu'elles fe tiendront; ordre qui y fera obfervé : Amendes exigibles fur le champ contre les refufans de figner, & contre ceux qui les troubleront.

X X I I.

Examen des Récipiendaires : Silence qui doit être obfervé en ce cas par les modernes & les jeunes, à peine d'Amende.

X X I I I.

Défenfes aux Maîtres, portant l'Epée, de fe préfenter aux Affemblées qu'après l'avoir remife ès mains du Syndic.

X X I V.

Formulaire par demandes & réponfes pour l'examen des Récipiendaires.

X X V.

Les Doyen & douze Anciens, tenus de se trouver à chaque Examen.

X X V I.

Termes dont se servira le Syndic dans les Affaires de la Communauté, &c.

X X V I I.

Armoire renfermant les Titres; où sera déposée; à qui les clefs en seront remises, &c.

X X V I I I.

Academie pour perfectionner l'Art de l'Ecriture & dépendances, où & quand tenue.

X X I X.

Pauvres Maîtres de la Communauté; moyens de les soulager.

X X X. ET DERNIER.

Obligation du Syndic pour faire observer les présens Statuts.

COPIE DES LETTRES PATENTES D'ERECTION

des Maiſtres Ecrivains-Jure's, en Communauté.

Du mois de Novembre 1570.

CHARLES, par la grace de Dieu, Roy de France : A tous préſens & à venir ; SALUT. Nos chers & bien amés Adam Charles, notre Ecrivain ordinaire, Antoine Perier & Jacques Fuſtel, Maiſtres Ecrivains-Jurés en notre Univerſité de Paris, & Thomas Danet, Mathieu Bietry, Chriſtophe Barbier, Jacques Barbier, Antoine le Grand & Martin Fuſtel auſſi Maiſtres Ecrivains & tenans Ecole d'Ecriture en ladite Ville ; Nous ont , & à notre privé Conſeil, préſenté Requête, tendante afin qu'il Nous plût, pour éviter aux abus qui ſe commettent ordinairement en l'Art d'Ecriture , & pour autres bonnes & juſtes cauſes , ordonner que dorénavent aucun ne s'ingere d'aſſiſter aux vérifications de Seings & Ecritures , ne d'inſtruire enfans audit Art , s'ils ne ſont trouvés premierement experimentés , ne eux nommer ni appeller Maiſtres Ecrivains, qu'ils n'ayent été reçûs & connus ſuffiſans par quatre des plus idoines Maiſtres d'Ecriture de notredite Ville de Paris , & en la préſence de notre Prévôt en icelle , ou ſon Lieutenant Civil , notre Procureur appellé : Laquelle Requête Nous aurions renvoyée audit Prevôt de Paris ou ſondit Lieutenant, pour avoir ſur ce leur avis , qui auroit ce fait , après avoir le tout communiqué à notredit Procureur. Sçavoir faiſons, qu'après avoir fait voir en notre privé Conſeil ledit avis & réglement , le tout ci-attaché ſous le Contre-Scel de notre Chancellerie , & pour les cauſes & conſiderations y contenues , avons icelui loué , homologué , autoriſé & ratifié , louons , homologuons, autoriſons & ratifions par ceſdites préſentes, voulons & nous plaît qu'il ſoit entretenu , gardé , exécuté & obſervé dans notredite Ville de Paris, de point en point , ſelon ſa forme & teneur : SI DONNONS EN MANDEMENT au Prevôt de notredite Ville de Paris, ou ſondit Lieutenant Civil , que nos Préſentes , autoriſation & confirmation , & de tout le contenu ci-deſſus , ils faſſent lire , publier & enregiſtrer , garder & obſerver inviolablement , contraignant & faiſant contraindre tous ceux qu'il appartiendra , & qui pour ce ſeront à contraindre , par toutes voyes & manieres dûes & raiſonnables, nonobſtant oppoſitions & appellations quelconques , & ſans aucunement préjudicier à icelles : CAR TEL EST NOTRE PLAISIR. Et afin que ce ſoit choſe ferme & ſtable à toujours , nous avons fait mettre notre Scel à ceſdites Préſentes , ſauf en autres choſes notre droit, & l'autrui en toutes. DONNÉ à Saint Germain Deſprés au mois de Novembre l'an de grace mil cinq cent ſoixante & dix , & de notre rége le dixiéme.

STATUTS
ET REGLEMENS.
DE LA COMMUNAUTÉ
DES MAISTRES EXPERTS.
JURÉS-ECRIVAINS,

EXPEDITIONNAIRES ET ARITHMETICIENS, Teneurs de Livres de Comptes en cette Ville de Paris ; Etablis pour la vérification des Ecritures, Signatures, Comptes & Calculs contestés en Justice.

Du 30 Janvier 1727.

Confirmés par Lettres-Patentes du Roy, du mois de Décembre 1727 Regiftrées en Parlement le trois Septembre 1728.

ARTICLE PREMIER.

QUE nul ne fera reçû & admis à tenir Claffe publique pour y enfeigner l'Ecriture, l'Arithmétique univerfelle, les Comptes doubles & fimples, & les Changes Etrangers ; affifter aux Verifications des Ecritures, Comptes & Calculs conteftés en Juftice ; ni tenir aucun Bureau pour y entreprendre toutes les Ecritures à l'utilité du Public, qu'il ne foit par ladite Communauté reconnu capable, & de bonne vie, mœurs, & de la Religion Catholique, Apoftolique & Romaine, ce qu'il fera tenu de juftifier par fon Extrait-Baptiftaire, & un Certificat de fon Confeffeur, & de deux notables Bourgeois.

I I.

Que celui qui se présentera pour être reçû en ladite Maîtrise, aura au moins vingt ans accomplis ; qu'il fera les experiences requises à cet effet, & subira les Examens néceffaires pendant trois jours, pour répondre sur l'Art de toutes les différentes Ecritures pratiquées en ce Royaume ; sur l'Ortographe, l'Arithmétique univerfelle, les Comptes à Parties fimples & doubles, les Changes Etrangers, les Arbitrages, les Verifications d'Ecritures, Signatures, Comptes & Calculs ; fur la diction des Mémoires & Placets au Roy, aux Princes, & aux Ministres, & fur le dreffé & arrangement des Comptes, Etats & Bordereaux, & ce pour le plus grand avantage du Public ; ce qui fera regulierement obfervé, après toutefois que l'un des Maîtres aura certifié avoir enfeigné le Recipiendaire jufques à la Reception en la Maîtrife.

I I I.

Que doresnavant nul ne pourra fans qualité, tenir Claffe publique d'Ecriture chez lui, ni enfeigner en Ville, directement ni indirectement, l'Art d'Ecrire, l'Arithmétique, & tout ce qui en est émané, chez quelques perfonnes de telle qualité & condition qu'elles puiffent être, même dans aucun College ni Communauté. Comme auffi ne pourra tenir des Bureaux, ni s'indiquer par des Tableaux en qualité d'Ecrivain pour le public, le tout à peine de cinq cens livres d'amende qui fera encourue par les contrevenans, applicable moitié au profit de la Communauté, & l'autre moitié à l'Hôpital General, fans que ladite peine puiffe être réputée comminatoire.

I V.

Que ladite Communauté étant maintenue & confervée, à l'exclufion de tous autres, dans le droit d'Ecrire & faire Ecrire pour le Public, les Mémoires & Placets au Roy, aux Princes & aux Ministres, les Comptes, Etats, Bordereaux, & toutes fortes d'Ecrits & Expéditions, s'indiquera en la maniere ordinaire & accoûtumée, & ce en exécution des Sentences de Police des 2 Avril 1683, & 27 Juin 1687, des Arrêts du Confeil d'Etat Privé du Roy des 3 Septembre & 8 Octobre fuivans, & d'une derniere Sentence de Police du 21 Juin 1720, ce que faifant, chacun des Maîtres fera obligé de figner les Ouvrages d'Ecriture qu'il aura faits ou fait faire, tant pour en connoître les auteurs, que pour empêcher la continuation de l'ufurpation des Scribes ; & par conféquent éviter toutes les fauffetés qui émanent journellement de ces fortes de gens fans qualité, tant contre l'Etat, les Princes, les Ministres, que le Public, dont ladite Communauté rapporte nombre d'Arrêts & Sentences de condamnation à mort, aux Galeres & au banniffement.

V.

Que tous ceux qui depuis quelques années fe font arrogés par ufurpation, le
Titre

Titre d'Ecrivain pour le Public, qu'ils indiquent par des Tableaux & autres ornemens au-devant des Boutiques & Echopes qu'ils occupent au préjudice desdites Sentences, Arrests & Reglemens de Police, qui ne le permettent à qui que ce soit, particulierement en cette principale Ville du Royaume, s'ils ne sont Membres de quelque Communauté, seront tenus de se faire recevoir conformément aux Articles I. I I. & V I I I.

V I.

Que les Fils de Maîtrenés dans la Maîtrise de leur pere, seront reçûs à l'âge de dix-huit ans finis & accomplis, sans être tenus de subir aucun examen, mais seulement de faire une légere expérience par écrit de leur capacité; Que toutefois arrivant le décès de leur Pere avant d'avoir atteint ledit âge, l'aîné d'iceux (en cas de décès de leur Mere) jouira du Privilege attribué aux Veuves.

V I I.

Que la Reception des Fils de Maître nés dans la Maîtrise de leur Pere, se fera gratis, par les Doyen & vingt-quatre Anciens pour cela convoqués, à la réserve du Droit Royal dont ils seront tenus de payer les deux tiers, & seront préferablement reçûs & immatriculés avant tous autres, qui aspireroient à la Maîtrise en même temps qu'eux, même auparavant ceux nés avant la Maîtrise de leur Pere.

V I I I.

Que les Aspirans qui doivent faire les experiences nécessaires, & subir les Examens ordinaires, seront reçûs & admis dans ladite Communauté, s'ils en sont jugés capables, & à cet effet il sera payé par chacun d'eux la somme de trois cens quatre vingt-huit livres quatre sols, sçavoir quarante Ecus quart pour le fond de la Communauté, six pour les Droits du Syndic, quatre au Doyen pour chaque Reception d'Aspirant, autant pour chacun des Examinateurs en ordre de Liste de douze chacune, qui seront pris dans les vingt-quatre Anciens à commencer par le Sous-Doyen, le Doyen étant de toutes Receptions, & non lesdits vingt-quatre Anciens, qui étant partagés en deux Listes, recevront alternativement les Aspirans, lesdits Droits payés pour les différentes vacations qu'ils sont tenus d'employer ausdits Examens, & à la prestation de Serment desdits Aspirans; quatre Ecus quart au Présentateur, autant au Greffier; quarante livres pour le Droit Royal attribué à ladire Communauté, par Arrest du Conseil d'Etat du Roy du 29 Mai 1696, trois livres pour l'Hôpital General, & six livres pour le Clerc qui aura conduit l'Aspirant chez les Doyen, Anciens & Greffier, pour les avertir de se rendre en la Chambre ou Bureau de ladite Communauté; & feront les Aspirans le Serment pardevant Monsieur le Lieutenant General de Police, en présence & du consentement de Monsieur le Procureur du Roy au Châtelet, qu'ils seront tenus d'en avertir; Qu'outre ladite somme de 388 liv. 4 s. ils satisferont à tout ce qu'il convient pour le coût de leur Lettre de Maîtrise, & autres Droits suivant l'usage ordinaire.

IX.

Que les Doyen & vingt-quatre Anciens, présenteront alternativement les Aspirans à la Maîtrise selon leur ordre de Reception ; & pour ce qui est des Fils de Maître, ils pourront être présentés par leur Pere, s'ils sont encore vivans, sinon par le Doyen de la Communauté.

X.

Que les Fils de Maîtres nés avant la Réception de leur Pere en ladite Maîtrise, ainsi que ceux qui épouseront des Filles de Maîtres, subiront les Examens ordinaires, en payant les deux tiers du Droit Royal & la moitié des Droits portés en l'Article VIII. dans laquelle moitié ne sont point compris les Droits de l'Hôpital Général, celui du Clerc, le coût de la Lettre de Maîtrise & autres Droits, ausquels lesdits Récipiendaires seront tenus de satisfaire en entier ; & ceux qui épouseront des Filles de Maître, seront obligés de justifier (avant d'être admis aux Examens) de leur Mariage par pieces autentiques.

X I.

Que les Fils de Maîtres nés dans ou avant la Maîtrise de leur pere, ceux qui épouseront des Filles de Maîtres & les autres reçus par Expériences, ne pourront assister aux Verifications des Ecritures, Signatures, Comptes & Calculs, donner avis ni moyens de faux sur iceux, qu'ils n'ayent atteint l'âge de vingt-cinq ans finis & accomplis, à peine d'Amende arbitraire, & ne pourront tous lesdits Maîtres moins âgés faire mention dans leurs Tableaux, Enseignes ou Montres, qu'ils assistent ausdites Verifications, & ce, sous les mêmes peines : & afin que les nouveaux admis à ladite Maîtrise qui n'auront ledit âge, n'en puissent ignorer, leur sera fait lecture des présens Réglemens, & d'iceux donné Copie signée du Syndic & Greffier en Charge, après la clôture de leur Examen ; & même en sera fait mention dans les Lettres de Maîtrise qui leur seront délivrées au Châtelet.

X I I.

Que chacun desdits Maîtres privativement à tous autres, pourra mettre en façon d'Enseigne, au-devant de la Maison où il tiendra sa Classe, un ou deux Tableaux ornés d'une ou plusieurs plumes d'Or, Traits, Cadeaux & autres Ornemens, dans lesquels il s'indiquera par rapport aux fonctions génerales ou particulieres, attachées à la Qualité de Maître Ecrivain, desquelles il voudra faire usage ; comme aussi pourra y exposer une Montre écrite à la main de toutes les Ecritures usitées en ce Royaume, qui seront faites au naturel de la plume, sans artifice ni gravure ; Qu'aucun autre que lesdits Maîtres ne pourra exposer tels Tableaux, Enseignes & Montres, ni tenir Bureau public d'Ecritures, à peine de confiscation & de Cinq cens livres d'amende ; ne pourra aussi chacun desdits Maîtres faire apposer Affiches ès lieux Publics, si ce n'est aveq

Privilege du Roy , ni même envoyer & faire distribuer par les Maisons & sur les Places publiques , aucuns Billets , Memoires imprimés ou écrits à la main, pour indiquer sa demeure & profession , le tout à peine de cent livres d'amende , & s'il arrivoit qu'aucun desdits Maîtres tînt sa Classe ailleurs qu'en la Maison où il fera sa demeure , il ne poutra (qu'à l'endroit où il tiendra sadite Classe) y exposer lesdits Tableaux & Montres d'Ecritures , & non au-devant de ladite Maison où il fera sa demeure , dans laquelle il ne pourra tenir Classe particuliere ; Que toutefois (attendu l'intérêt public) ceux desdits Maîtres qui auront des Boutiques en forme de Bureaux pour y écrire tous les Ouvrages qui leur feront confiés , dans lesquelles ils ne pourront être domiciliés , auront (indépendemment des Tableaux qu'ils exposeront au-devant desdites Boutiques) de pareilles indications au-devant des Maisons où ils feront leur demeure.

XIII.

Que généralement toutes les Veuves de Maîtres auront la liberté pendant leur viduité, de tenir Classe d'Ecritures & d'Arithmétique, pour la faire exercer par quelqu'un capable qui , à la réquisition de la Veuve , se fera avouer par les Syndic & Greffier en Charge , le Doyen & les vingt-quatre Anciens, sans qu'il puisse dans son Tableau ou Montre d'Ecritures à la main, y mettre autre Inscription que *Céans on enseigne l'Art d'Ecrire , l'Ortografe , l'Arithmétique & prend Pensionnaires* ; ni qu'il soit en droit d'assister aux Verifications d'Ecritures, Signatures , Comptes & Calculs , donner avis ni moyens de faux sur icelles , à peine de Cent livres d'Amende ; à la charge par toutes les Veuves de payer la Capitation , & de supporter pour leur part & portion , les Taxes qui pourroient être imposées sur ladite Communauté , dont toutefois celles qui feront valoir leur Privileges , feront acquittées par ceux qui le tiendront , lesquels étant avoués pour jouir d'iceux , demeureront en la même Maison où lesdites Veuves feront domiciliées , & non ailleurs ; qu'un Maître laissant à son décès plusieurs Fils , il sera loisible à sa Veuve de se servir de l'un d'iceux pour faire lesdites fonctions ; le tout aux conditions ci-dessus.

XIV.

Que si au contraire la Veuve d'un Maître vouloit se marier en secondes Nôces à un Particulier qui voulût être de la Profession de son deffunt Mary , elle jouira du Privilege attribué au Filles nées dans la Maîtrise de leur Pere : ce qui n'aura lieu toutes fois qu'en faveur de celles qui se trouveront à l'avenir , dans le cas de se marier en seconde nôces , & non en troisiéme , à Compter seulement du jour de l'obtention des Lettres Patentes sur les présens Réglemens.

XV.

Et arrivant que quelqu'un desdits Maîtres fût obligé d'agir en Justice contre un ou plusieurs de ses Confreres , pour quelque cas qui concernât la Maîtrise ; il ne pourra se pourvoir ailleurs que pardevant Monsieur le Lieutenant Général de Police , comme Juge naturel de ladite Communauté.   B ij

XVI.

Que lesdits Maîtres continueront de faire dire, chanter & célebrer le Service Divin, en l'honneur de Dieu & de Saint Jean l'Evangéliste, deux fois l'année, les 6 May & 27 Décembre qui sont les Fêtes de ce Saint : le lendemain du six May un Service en général pour le repos des ames des Maîtres deffunts, & autant de Services en particulier, qu'il y aura de Maîtres décedés dans chaque année.

XVII.

Que de deux en deux ans, il sera élû un Syndic du nombre des vingt-quatre Anciens, ou au défaut, un dans celui des Modernes qui aura dix ans de Réception, & qui sera connu capable de gérer les affaires de la Communauté, sans toutefois qu'il puisse entrer en concurrence avec un Ancien qui se présenteroit & qui auroit les qualités requises & nécessaires : Qu'en procédant à ladite Election, il sera en même tems élû un Greffier, ainsi qu'il est ordonné par Arrests de la Cour des 10 May 1687. & 16 Février 1688. lequel sera choisi dans lesdits vingt-quatre Anciens, ou indistinctement dans les Modernes & Jeunes autant qu'il en aura aussi les qualités requises : la Charge desquels Syndic & Greffier commencera du jour de leur Election qui se fera à la plûralité des voix de toute la Communauté, généralement convoquée en l'Hôtel & pardevant Monsieur le Lieutenant Général de Police, en présence de Monsieur le Procureur du Roy au Châtelet, à l'instant de laquelle Election, ils feront le serment requis & accoutumé ; lesquelles deux années expirées, lesdits Syndic & Greffier ne pourront être continués esdites Charges plus longtems, pour quelque cause & raison que ce puisse être ; mais auront droit également de prendre la qualité d'Ancien Syndic, & Ancien Greffier, tant dans toutes les Listes, qu'autres endroits convenables & nécessaires, & quand il arrivera que les Anciens Syndics (non du nombre des vingt-quatre Anciens) seront appellés aux Assemblées des vingt-quatre Anciens ou pour telle autre affaire que ce soit concernant la Communauté ; lesdits Anciens Greffiers y seront aussi mandés.

XVIII.

Que le Syndic aura la conduite & maniement des Affaires de ladite Communauté, conjointement avec le Greffier en Charge, lequel Syndic ne pourra entreprendre aucune affaire sans en avoir conferé avec les vingt-quatre Anciens, qui doivent naturellement être regardés comme ses Adjoints ; & quand le cas le requerera avec tous les Maîtres généralement convoqués, jusqu'au tems que la Communauté étant plus nombreuse qu'elle n'est à présent, sera obligée de faire observer l'Article XX. suivant, à peine d'en être désavoué, & auront lesdits Syndic & Greffier leurs voix déliberatives, autant que les affaires ne concerneront point leur interêt particulier.

X I X.

Que toutes les Assemblées générales seront faites en la chambre du Syndic, ou dans le Bureau de ladite Communauté, aussi-tôt qu'elle se trouvera en état d'en établir un ; la convocation desquelles sera faite par le Clerc, en vertu de la missive dudit Syndic, approuvée & signée du Greffier en charge ; & seront tenus les Maîtres convoqués de s'y trouver à l'heure marquée par icelle, à peine de trois livres d'amende applicable au profit de ladite Communauté, conformément aux Sentences de Police, & Arrêts du Parlement confirmatifs d'icelles ; à l'effet de quoi, pour connoître les défaillans (après lecture de l'Acte de Délibération, & les Convoqués appellés en ordre de Liste par le Clerc) sera fait un état d'iceux défaillans, constaté par les signatures desdits Syndic & Greffier, pour être poursuivis par les voyes de droit au payement de ladite amende, à la diligence du Syndic, à peine d'en répondre en son propre & privé nom, du produit desquelles amendes, il sera recette dans son compte, suivant les Etats desdits défaillans qu'il représentera lors de l'audition d'icelui ; que cependant ladite amende ne pourra avoir lieu contre ceux qui auront un légitime empêchement, auquel cas ils seront tenus de le faire sçavoir au Syndic, & de se trouver trois jours après, au plûtard, en la Chambre ou Bureau de ladite Communauté pour prendre communication de l'Acte de Délibération, & le signer s'ils l'approuvent, ou faire au-dessous de leurs signatures telles réserves qu'ils jugeront à propos, à peine de pareille amende de trois livres, s'ils n'en sont empêchés par la maladie dont ils fourniront la preuve : après laquelle convocation le Clerc, porteur de ladite missive, sera obligé de la certifier au bas d'icelle, de même que de laisser des billets qui annonceront ladite Assemblée aux Maîtres qu'il n'aura point trouvés, dont il fera une liste particuliere également certifiée de lui.

X X.

Et attendu que dans les premiers tems de l'érection de ladite Communauté elle n'étoit composée que d'un petit nombre de Maîtres dont les avis étoient généralement reçûs dans les Assemblées, & que depuis ce nombre s'est augmenté, ainsi que par la suite il est certain qu'il s'augmentera, il est nécessaire (pour éviter la confusion & le tumulte qui régnent ordinairement dans les Assemblées composées d'un grand nombre de personnes) de fixer, de même qu'il se pratique dans toutes les autres Communautés, le nombre de ceux qui les composeront quand le cas requérera qu'elles soient générales ; à l'effet de quoi elles ne seront dorésnavant composées que du Doyen, des vingt-quatre Anciens, de douze Modernes & douze Jeunes, lesquels Modernes & Jeunes seront pris en ordre de Liste, & successivement les uns aux autres, d'Assemblée en Assemblée, ensorte qu'elles ne seront composées que de quarante-neuf Maîtres, non compris les Syndic & Greffier en charge, lesquels seront tenus de s'y trouver, aux termes de l'Article précédent, pour y signer la Délibération, qui aura autant de force & vertu que si elle l'étoit de tous ceux qui composeront ladite Communauté.

XXI.

Que pour établir le bon ordre dans lesdites Assemblées, 1°. le Greffier de la Communauté sera tenu de se trouver chez le Syndic au plus tard à une heure de relevée, pour y écrire sur le Registre des Délibérations l'exposé du Syndic sur les différens chefs qui seront le motif de l'Assemblée. 2°. Que dans le tems qu'elle sera complette, ledit Greffier fera à haute & intelligible voix lecture dudit exposé, pendant laquelle il ne pourra être interrompu pour quelques causes & raisons que ce puisse être, afin que les Maîtres en soient suffisamment instruits. 3°. Qu'après cette lecture, les Doyen & vingt-quatre Anciens seront requis par les Syndic & Greffier de dire leur sentiment, à commencer par le Doyen, & successivement par lesdits Anciens suivant le rang de leur réception ; ce qui se fera avec beaucoup de docilité, ensorte que celui desdits Anciens qui s'expliquera ne puisse être interrompu par un autre Ancien, encore moins par aucun des Modernes & Jeunes, non plus que celui desdits Anciens qui répondroit à ce que l'autre viendroit de dire, pour y former quelques objections, de manière qu'il ne puisse y en avoir qu'un qui parle, pour que les avis se concilient unanimement entre eux. 4°. Que pendant que les Anciens délibéreront sur lesdits chefs, il sera de la part des Modernes & Jeunes gardé un parfait silence, afin qu'eux-mêmes instruits des motifs de l'Assemblée, puissent ensuite dire leur sentiment ; ce qu'ils feront séparément dans l'ordre prescrit à l'égard des Anciens : & s'il arrivoit que les sentimens de quelqu'uns desdits Modernes & Jeunes ou de tous en général prévalûssent sur ceux des Anciens sans qu'ils pûssent les détruire, ils seront reçûs & approuvés sans passion de la part desdits Anciens, comme tendant au bien de la Communauté ; lesquels Modernes & Jeunes, lorsqu'ils s'expliqueront, ne pourront pareillement être interrompus par les Anciens ; après quoi, & tous les sentimens conciliés unanimement, ou à la pluralité des voix recueillies par le Greffier, le résultat en sera dressé ensuite de l'exposé dudit Syndic. 5°. Que tous les Maîtres qui composeront ladite Assemblée seront tenus de rester en la Chambre ou Bureau, pour y entendre la lecture qui sera faite par ledit Greffier du résultat ou Acte de Délibération en son entier, & le signer sans exception, sauf à ceux qui se trouveront d'un sentiment contraire à ce qui auroit été délibéré à la pluralité des voix, de faire au-dessous de leurs signatures telles réserves qu'ils jugeront à propos, afin que ledit Acte demeure constant à peine de trois livres d'amende appliquable au profit de la Communauté, à laquelle ils seront contraints à la diligence du Syndic, suivant l'Article XIX. & s'il arrivoit que quelqu'un desdits Maîtres eût quelqu'affaire qui ne pût lui permettre de rester jusqu'à la clôture dudit Acte, il s'en expliquera avec le Syndic & Greffier, mais viendra le signer le lendemain ou trois jours après au plûtard. 6°. Que pour éviter la confusion, & observer la discipline des tems passés, le Syndic fera placer dans la chambre ou Bureau une table suffisamment grande pour contenir autour d'icelle les Doyen & vingt-quatre Anciens, & des siéges ou bancs pour asseoir les Modernes & Jeunes ; qu'il ne sera parlé par aucun de l'Assemblée, d'autre affaire que de celle qui y donnera lieu, & ce toutesfois à voix basse, à peine de pareille amende. 7°. Qu'au cas que quelque

Maîtres eussent entr'eux des différends particuliers, ils ne pourront les discuter dans l'Assemblée, afin qu'elle ne puisse être troublée par des invectives qu'attire ordinairement après soi le divorce, à peine de dix livres d'amende qui sera encourue sur le champ par les agresseurs ; que cependant il sera permis ausdits Maîtres de demander que leurs différends soient réglés par les Anciens, mais ne pourront le faire qu'après la clôture & signature de l'Acte, jusqu'auquel tems ils garderont entr'eux un profond silence ; que lorsqu'ils déduiront leurs griefs devant lesdits Anciens, ils s'expliqueront nettement l'un après l'autre, & en des termes respectueux, après quoi ils se retireront pour laisser aux Anciens la liberté de porter entr'eux un Jugement équitable, auquel ils seront tenus de se soumettre à peine de pareille amende.

X X I I.

Que les Modernes & Jeunes qui ont eu la liberté jusqu'à présent de venir aux Examens des Récipiendaires pour y voir leur chef-d'œuvre, n'en abuseront pas, & se tiendront dans le respect & le silence, à peine d'être déchûs de cette faveur, & d'amende en cas de récidive, ainsi que le pourront faire les Arithméticiens reçûs en vertu de l'Arrêt du 23 Octobre 1717, lors seulement des Examens des Arithméticiens.

X X I I I.

Qu'aucun des Maîtres ne pourra venir avec l'épée au côté dans les Assemblées de la Communauté, sous prétexte de voyage ou autrement ; & en cas que quelqu'un d'eux y arrivât en cet état, il sera tenu, avant que d'entrer, de remettre son épée ès mains du Syndic, & ce pour satisfaire aux Sentences de Police.

X X I V.

Que pour l'avantage des Récipiendaires, & établir un bon ordre dans leurs Examens, il sera dressé un formulaire contenant par demandes & réponses l'Art d'Ecrire, l'Ortographe, l'Arithmétique universelle, les Comptes doubles & simples, les Changes Etrangers, les Arbitrages, les Vérifications, & généralement tout ce qui est annexe de la qualité de Maître Ecrivain ; lequel formulaire sera communiqué à chaque Aspirant quinze jours avant son premier examen, afin qu'il puisse être en état de répondre non-seulement audit examen verbal des Doyen & vingt-quatre Anciens au jour indiqué pour écrire, mais encore à son examen général dans les jours qui lui seront marqués, qu'il subira devant les Doyen & douze Anciens en ordre de Liste.

X X V.

Que les Doyen & douze Anciens en ordre de Liste pour lesdits examens, seront tenus de se trouver à chacun d'iceux, à peine de perdre leurs droits de Vacation, qui tourneront au profit de ladite Communauté, s'ils ne justifient d'un empêchement légitime ; du montant desquels droits le Syndic sera recette dans son compte , aux termes de l'Article XIX.

XXVI.

Qu'aux affaires qui regarderont ladite Communauté , le Syndic ne pour
mettre son nom seul , mais seulement sa qualité , en y employant ces mot
LES SYNDIC ET COMMUNAUTÉ. Que dans les Tableaux d'ice
qui se placent tant aux Greffes des Cours Souveraines , du Chastelet , qu'à
tres Jurisdictions , les noms des Syndic & Greffier en charge n'y seront
que dans leur ordre de réception , & non en lieu plus éminent que les autr
Maîtres , & en même grosseur de caractére. ainsi qu'il a toujours été pratiq
depuis qu'il a été ordonné que lesdits Tableaux y seroient placés , par Se
tence du   rendue en conformité d'Arrests de la Co

XXVII.

Que l'Armoire de la Communauté , où sont ses Titres & ses Papiers , s
transportée en la Maison du Syndic entrant en charge , après qu'il aura pr
le serment ordinaire , & en seront les trois clefs distribuées ; sçavoir , la p
miere au Doyen , la seconde audit Syndic , & la troisiéme au Greffier a
entrant en charge ; lesquels Titres & Papiers seront rangés dans ladite A
moire dans des cases ou tablettes numérotées , après que l'inventaire en a
été fait par ordre alphabétique , à la diligence desdits Syndic & Greffi
desquels se Syndic se chargera , & sera tenu de tenir un Etat des Piéces q
sera obligé de communiquer , & des noms de ceux à quail les aura mises , a
qu'aucune ne puisse s'égarer

XXVIII.

Et attendu la conséquence de toutes les fonctions attachées à la qualité
Maître Ecrivain , & pour perfectionner de plus en plus les parties de cet A
& en instruire les jeunes Maîtres , particuliérement de la Vérification des Ec
tures , Signatures , Comptes & Calculs , il sera tenu une Académie en
Chambre ou Bureau de la Communauté tous les Jeudis de chaque semaine
il ne se trouvera point de Fêtes , depuis deux heures de relevée jusqu'à l
conformément à la Délibération de ladite Communauté du 29 Aoust 16
par quatre Anciens , & à leur défaut par quatre Modernes , lesquels Ancie
ou Modernes seront nommés & choisis à la pluralité des voix , de trois m
en trois mois ; ce qui sera par eux accepté, pour y traiter de toutes les Ecri
res usitées en ce Royaume , de l'Arithmétique universelle , des Comptes d
bles & simples , des Changes Etrangers , des Arbstrages , des Vérificatio
& de tout ce qui sera capable d'être utile à l'Etat & au Public , & donner
l'émulation à chacun des Maîtres de cette Communauté.

XXIX.

Que comme dans toutes les Communautés il se trouve toujours de véri
b

bles pauvres Maîtres, non par un défaut de conduite, mais par la suite des malheurs dont ils sont accablés, il sera distribué à ceux de cette Communauté qui se trouveront dans ce triste cas, sur les fonds oisifs d'icelle, & du consentement des Syndic & Greffier en charge, du Doyen & des vingt-quatre Anciens, une somme jugée convenable pour leur pressant besoin, & pour les relever, s'il est possible, de l'état de misere.

TRENTIÉME ET DERNIER.

Que le Syndic sera tenu de faire garder & observer ponctuellement les présens Articles de Réglemens suivant leur forme & teneur, à peine d'en répondre en son propre & privé nom.

De l'Acte de Déliberation d'Assemblée Générale de la Communauté des Experts-Jurés-Ecrivains, Expéditionnaires & Arithmeticiens, Teneurs de Livres de Comptes à Paris, du 30 Janvier 1727. étant sur le Regiftre des Déliberations de ladite Communauté, a été extrait ce qui suit.

APrés que lecture nous a été faite de la refonte générale de nos Statuts, à haute & intelligible voix, par ledit Greffier, Nous avons iceux approuvés dans tout leur contenu ; & que pour les constater dans leur forme & teneur, ils seront paraphés page par page, renvoi par renvoi, & signés enfin du projet dont la lecture Nous en a été faite par lesdits sieurs Syndic & Greffier, avant que d'être mis dans la forme convenable pour être présentés au Conseil ; à l'effet de quoi Sa Majesté sera très-humblement suppliée de les avoir agréables, non-seulement pour l'intérêt de notre Communauté, mais encore pour celui de l'Etat & du Public, & de vouloir bien en ordonner l'exécution suivant leur forme & teneur, dont Nous donnons pouvoir audit sieur Syndic, & les frais qui seront par lui faits, lui être alloués dans la dépense de son Compte. Signé le Fevre, J. Collot, Riglet, Gravelle, Lambert, Limosin, Bourmon, Hulmé, Mary, Hardouin, Maingueneau, Jacquesson, Leger, Janson, Mauroy, Maclié, le Roy, Maheu, Sauvage, Michel, Jacquesson, Sauvage, Caillet, Ruette, Dubois, Masselot, Ballancier, Sauvage, de Seutre, Payele, Marion, Michel, Grener, Petit, le Roy, Michel, Sauvage, Rossignol, Richard, Dupuis, Bouchard, Festu, Lépicier, Mercier, Parry, Rousseau, Regnault, Guilbert, Froment, Bucaille, le Chevalier, Masselot Greffier, Coulonjon, Charpentier, Mouton, Souillard, Ansolte, Tapret, Fontaine, Blondeau, Marion fils, Bouchet, Bruant, Foüard, Dupuis, Defrance, Gallot & Duval.

Ce que dessus a été par moi l'un desdits Experts-Jurés-Ecrivains, & à présent Greffier de ladite Communauté, extrait & collationné sur l'Acte de Déliberation d'Assemblée générale tenue en la Chambre d'icelle le 30 Janvier dernier, étant sur le Regiftre de ses Déliberations. En foi de quoi j'ai audit nóm signé le présent. A Paris ce 16 Mars 1727. *Signé*, MASSELOT, Greffier. Et au-deſſous eſt écrit : *Statuts des Ecrivains, du 30 Janvier 1727.*

Regiſtrés, oüi le Procureur Général du Roy, pour jouir par les Impétrant & ceux qui leurs ſuccéderont dans ladite Communauté, de leur effet & contenu, & être exécutés ſelon leur forme & teneur, aux charges, clauſes & conditions portées par l'Arreſt de ce jour. A Paris en Parlement le 3 Septembre 1728. Signé, ISABEAU.

LETTRES PATENTES,

Portant confirmation des Statuts & Réglemens pour la Communauté des Experts-Jurés-Ecrivains, Expéditionnaires, Arithméticiens, &c. de Paris.

Données à Verſailles au mois de Decembre 1727.

Regiſtrées en Parlement le 3 Septembre 1728.

LOUIS, par la grace de Dieu, Roy de France & de Navarre : A tous préſens & à venir, SALUT. Nos bien amés les Maîtres Experts-Jurés-Ecrivains, Expéditionnaires & Arithméticiens, Teneurs de Livres de Comptes en la Ville de Paris, établis pour la vérification des Ecritures & Signatures, Comptes & Calculs conteſtés en Juſtice, Nous ont très-humblement fait remontrer qu'en l'année 1570. ils furent créés & érigés en Communauté par Lettres Patentes de Charles IX qui furent enregiſtrées au Parlement. Ces Lettres ont depuis été confirmées par tous les Rois qui nous ont précédé ; mais comme par les Statuts & Réglemens qui furent faits pour lors pour l'adminiſtration de cette Communauté, les prédéceſſeurs des Expoſans n'ont point apporté toute l'attention néceſſaire dans leur rédaction, pour prévenir les abus qui ſe ſont depuis formés dans leur Communauté , & qui intereſſent autant le Public que chacun des Maîtres en particulier ; ils ont eſtimé à propos pour y remédier , de refondre leurs Réglemens & d'en faire de nouveaux, contenant trente Articles , leſquels ont été conſentis par une Déliberation générale de la Communauté du 30 Janvier dernier, inſcrite à la ſuite deſdits Réglemens , & approuvés par les Officiers de Police à qui ils ont été communiqués , après avoir reconnu la néceſſité & l'utilité de ces Réglemens pour la perfection d'un Art dont toutes les parties ſont d'un avantage infini pour le Public : Mais comme ces Statuts & Réglemens ne peuvent avoir leur effet & leur exécution qu'autant qu'il Nous plaira de vouloir bien les agréer & approuver, les Expoſans Nous ont fait très-humblement ſupplier de leur accorder nos Lettres pour ce néceſſaires. A CES CAUSES, voulant favorablement traiter les Expoſans, concourir à la perfection de leur Art, & leur faciliter les moyens d'établir dans leur Profeſſion l'ordre & la diſcipline qui

leur font néceffaires pour le foutenir ; Nous avons de notre grace fpéciale,
pleine puiffance & autorité Royale, agréé, approuvé, autorifé & confirmé,
& par ces Préfentes fignées de notre main, agréons, approuvons, autorifons
& confirmons lefdits Statuts & Réglemens contenus en trente Articles ci-
attachés fous le Contre-Scel de notre Chancellerie : Voulons & Nous plaît
qu'ils foient exécutés, gardés, entretenus & obfervés de point en point felon
leur forme & teneur, fans qu'il y foit contrevenu par lefdits Expofans ni autres,
en aucune maniere & pour quelque prétexte que ce puiffe être, fous les peines
y portées, pourvû toutefois que dans lefdits Réglemens & Statuts il n'y ait
aucune chofe contraire à nos Ordonnances & Réglemens. S I D O N N O N S
E N M A N D E M E N T à nos amés & féaux Confeillers les Gens tenans notre
Cour de Parlement à Paris, Prévôt dudit lieu, ou fon Lieutenant Général
de Police, ou autres nos Officiers qu'il appartiendra, que ces Préfentes ils
ayent à faire regiftrer, & du contenu en icelles faire jouir & ufer les Expofans
& leurs fucceffeurs en leurdit Art & Profeffion, pleinement, paifiblement
& perpétuellement, ceffant & faifant ceffer tous troubles & empêchemens
contraires : C A R tel eft notre plaifir. Et afin que ce foit chofe ferme & ftable
à toujours, Nous avons fait mettre notre Scel à ces Préfentes. D O N N E' à
Verfailles au mois de Decembre l'an de grace mil fept cent vingt-fept, & de
notre Regne le treiziéme. *Signé,* L O U I S. Et fur le repli, Par le Roy,
P H E L Y P E A U X. A côté *vifa* C H A U V E L I N. Pour confirmation des
Statuts & Réglemens pour la Communauté des Jurés-Ecrivains, Expéditionnaires, Arithméticiens de Paris. Et à côté eft encore écrit.

*Regiftrées, oüi le Procureur Général du Roy, pour jouir par les Impétrans & ceux
qui leur fuccederont dans ladite Communauté, de leur effet & contenu, & être
exécutées felon leur forme & teneur, aux charges, claufes & conditions portées
par l'Arreft de ce jour. A Paris en Parlement le trois Septembre mil fept cent
vingt-huit. Signé,* I S A B E A U, *avec paraphe.*

E X T R A I T D E S R E G I S T R E S
du Parlement.

Du 26 Février 1633.

V EU par la Cour l'Arreft d'icelle du 14 Juillet 1632. par lequel, oüi les
Maîtres Ecrivains de cette Ville de Paris, pour favoir quel remède on
pourroit apporter au vice qui fe trouve en l'Ecriture que l'on fait à préfent
de très-difficile lecture, à caufe de plufieurs lettres que l'on rend femblables,
encore qu'elles foient différentes, leur auroit été enjoint qu'ils euffent à s'affem-
bler & faire repréfenter par chacun des Maîtres leurs Ecritures, pour convenir
entr'eux d'un caractere & formulaire qui devra être fuivi pour enfeigner l'Art
d'Ecriture, tant en Lettres Françoifes qu'Italiennes, pour icelui rapporté &
vû par la Cour & communiqué au Procureur Général du Roy, ordonner ce
que de raifon ; Rapport fait par lefdits Maîtres Ecrivains chacun de leur

Ecriture, entre les mains de Louis Barbedor leur Syndic, du 5 Août 1632.
Acte desdits Maîtres Ecrivains sur la représentation desdites Ecritures, du 25
Août audit an. Procès-verbal fait par Maistre Nicolas le Clerc, Conseiller
du Roy en ladite Cour, Commissaire en cette Partie, du 14 Janvier 1633.
contenant la comparution faite par lesdits Maîtres Ecrivains pardevant lui, &
leur avis sur la représentation du modéle d'Ecriture, & Discours fait sur icelui
par ledit Barbedor, Syndic, auquel auroit été enjoint de faire un Alphabet
des Lettres ainsi qu'elles étoient énoncées audit Discours, ensemble des Exemples d'Ecriture suivant & conformément à icelles Lettres; ledit Alphabet
signé Barbedor, & Exemples d'Ecriture par lui faites. Autre Alphabet &
Exemples d'Ecriture en Lettres Italiennes signé Lebé. Requêtes présentées
par Robert Vignon, Pierre Moreau & autres Maîtres Ecrivains, le 21 Janvier
1633. tendantes à ce que, sans avoir égard audit Discours fait sur l'Art d'Ecriture, ledit Arrest fût exécuté. Trois Actes de sommations faites à la Requête
du Syndic & Communauté des Maîtres Experts & Jurés Ecrivains audit
Moreau, tant pour lui que pour ceux qui auroient présenté ladite Requête,
de prendre communication dudit Discours, si bon lui sembloit. Autre Requête audit Barbedor, Syndic, du 11 Fevrier dernier, à ce que, sans avoir
égard à ladite Requête du 11 Janvier, il fût ordonné, conformément au
Procès-verbal dudit Conseiller, que ledit Discours & autres Piéces seroient
communiquées audit Procureur Général, pour y prendre & donner telles
Conclusions dudit Procureur Général. Et tout considéré, LADITE COUR
a ordonné & ordonne que les deux Alphabets ou Exemplaires, l'un de Lettres
Françoises, signé Barbebor, & l'autre de Lettres Italiennes, signé Lebé,
seront mis au Greffe de ladite Cour & paraphés; ce fait délivrés & mis ès
mains dudit Barbedor Syndic, pour sur iceux être par lesdits Barbedor &
Lebé dressé des Exemples, avec la méthode de composer des Lettre y contenues, & aux frais & dépens de ladite Communauté, diligence dudit Syndic,
gravés, burinés & imprimés au nom de ladite Communauté, & les Exemplaires tirés sur les Planches qui en seront faites, mis entre les mains dudit
Syndic, pour les exposer en vente au profit de ladite Communauté, envers
laquelle il se chargera de tous les Exemplaires pour leur en tenir compte, &
être le profit & deniers en provenans employés suivant l'avis d'icelle Commu-
nauxté, & après ce lesdits Exemplaires remis au Greffe de ladite Cour, pour
y avoir recours quand besoin sera à ladite Cour; fait inhibitions & défenses à
tous lesdits Maîtres Jurés-Ecrivains & autres qui font profession d'enseigner,
d'user d'autres Alphabets, Caractères, Lettres, & forme d'Ecrire que celles
contenue esdits Exemplaires, suivant lesquels ladite Cour leur enjoint d'instruire
la jeunesse qui leur sera commise, à peine d'être déchûs du droit de Maîtrise,
& de plus grande peine, s'il y échet. FAICT en Parlement le vingt-sixiéme
Fevrier mil six cent trente-trois.

SENTENCE DE POLICE

ET ARRETS CONFIRMATIFS DE REGLEMENT,

POUR la communauté des Maîtres Experts & Jurés Ecrivains de Paris

PAR lesquels défenses sont faites à Michel Baillet l'un d'iceux ; & à tous autres Maîtres Ecrivains, d'exposer dans leurs Montres d'Ecritures aucune artifice ni gravure, ni de faire apposer ni débiter aucunes Affiches ni Billets.

Du 30 Avril 1688.

A TOUS ceux qui ces présentes Lettres verront, Charles - Denis de Billion, Chevalier, Marquis de Gallardon, Conseiller du Roy en ses Conseils, Prevost de Paris, Salut. Sçavoir faisons, Que sur la Requeste faite en jugement devant Nous en la Chambre de Police du Châtelet de Paris, par Maître François Sancus Procureur de M. Robert Jacquesson Secretaire de la Chambre du Roy, Syndic de la Communauté des Maîtres Experts & Jurés Ecrivains de cette Ville de Paris, demandeur aux fins de l'Exploit de saisie du 25 Novembre dernier, fait par Fournier Sergent à Verge, controllé à Paris le lendemain par Marquisy. Contre Michel Baillet aussi Maître Ecrivain Juré à Paris, deffendeur. Ouï ledit Sancus en son plaidoyer, & par vertu du défaut de Nous donné contre ledit Baillet non comparant ny Procureur pour luy dûement appellé, lecture faite des Statuts & Reglemens de ladite Communauté, de l'Exploit de saisie susdaté, Sommation de constituer Procureur faite audit Baillet le cinq du présent mois par ledit Fournier. Nous avons la saisie du Tableau, montre d'écriture de la main dudit Baillet défectueuse & artificiellement faite, qu'il exposoit au devant de la Maison où il tient sa Classe, déclarée bonne & valable ; Ordonnons que ledit Tableau sera cassé & brisé à la diligence du Syndic. Faisons défenses audit Baillet de plus récidiver ; & pour la contravention par lui commise, le condamnons aux dépens ; ce qui sera exécuté nonobstant oppositions ou appellations quelconques, & sans préjudice d'icelles ; pourquoi ne sera differé, & soit signifié. En témoin dequoi nous avons fait sceller ces Présentes. Ce fut fait & donné par Messire Gabriel-Nicolas de la Reynie, Conseiller d'Etat ordinaire, Lieutenant Général de Police, tenant le Siége le Vendredi trentiéme Avril mil six cens quatre-vingt-huit. Signé par Collation, D U M A Y N E.

Extrait des Registres de Parlement.

Du 23 Juin 1688.

E N T R E Michel Baillet Maître Ecrivain Juré à Paris, Appellant d'une Sentence rendue par le Lieutenant Général de Police au Châtelet de Paris, le trente Avril 1688, d'une part. Et les Syndic & Communauté des

Maîtres Ecrivains Jurez à Paris, Intimés d'autre : Et encore entre lesdits Syn
dic & Communauté, Demandeurs en Requeste du quinziéme Juin audit an
A ce qu'en venant plaider la cause d'entre les Parties, & confirmant la Senten
ce dont est appel, ordonner que les Statuts & Reglemens de ladite Commu
nauté seront exécutez ; & en conséquence, défenses seroient faites audit Bail
let, & à tous Maîtres Ecrivains d'exposer dans les Montres d'écritures à
main qu'il leur est permis de mettre à leurs portes, aucunes Ecritures, Trai
ou Lettres faits avec artifice ni graveure ; comme aussi d'apposer ou faire appo
ser ni débiter aucuns Placarts, Affiches ni Billets imprimés ou écrits à la main
contenant leurs noms, qualités, demeures, ni ce qu'ils enseignent directemen
ou indirectement, sauf néanmoins à ceux desdits Maîtres qui auront compo
quelques Ouvrages, & qui auront Privilege du Roy de les debiter, d'en fai
seulement afficher le titre, sans y rien augmenter, & pour les contravention
commises par l'Appellant, il seroit condamné en l'amende de cent livres, con
formément aux Reglemens & Arrests de ladite Communauté. Après qu
Tuffier pour les Intimez a demandé la reception de l'Appointement avisé a
Parquet des Gens du Roy : Oüy Talon pour le Procureur General : L A
C O U R a ordonné que l'Appointement sera reçeu, & suivant icelui, a m
l'appellation au néant ; & que ce dont est appel sortira son plein & entier effet
condamne l'Appellant à l'amende & aux dépens. Et ayant égard à la Reques
des Intimez, fait défenses à l'Appellant & à tous Maîtres Ecrivains d'expose
dans les Montres d'écritures qu'il leur est permis de mettre à leurs portes, au
cunes Ecritures, Traits ou Lettres faits avec artifice oy graveure, comme auf
d'apposer ou faire apposer ny debiter aucuns Placarts, Affiches ny Billets im
primez ou écrits à la main contenans leurs noms, qualitez, demeures, ny c
qu'ils enseignent directement ou indirectement ; sauf neanmoins à ceux desdi
Maîtres qui auront composé quelques Ouvrages, & qui auront Privilege d
Roy de les débiter, d'en faire seulement afficher le titre sans y rien augmente
Condamne l'Appellant aux dépens. Fait en Parlement le vingt-troisiéme Jui
mil six cens quatre-vingt-huit. Signé, J A C Q U E S, & par Collation
B A I L L O N.

Extrait des Registres de Parlement.

Du 13 Août 1688.

E N T R E Michel Baillet Maître Ecrivain Juré à Paris, opposant à l'exé
cution de l'Arrest de la Cour du 23 Juin dernier, suivant sa Requeste pré
sentée à la Cour le dix du mois de Juillet aussi dernier, d'une part. Et les Syn
dic & Communauté des Maîtres Ecrivains Jurés à Paris, Deffendeurs d'autre
Après que Suaire Procureur des Deffendeurs, a demandé la reception de
l'Appointement avisé au Parquet, & paraphé de Talon pour le Procureur Gé
néral du Roy : L A C O U R ordonne que l'Appointement sera reçeu, &
suivant icelui, sans s'arrêter à l'opposition dudit Baillet, Ordonne que l'Arrest
du 23 Juin dernier sera exécuté, & neanmoins que les dépens adjugez par

Arrest, tant des causes principale que d'appel, même de l'opposition, de-
eureront liquidez à la somme de trente livres. Fait en Parlement le treiziéme
oust mil six cens quatre-vingt-huit. Signé, JACQUES, & par Collation,
AILLON.

---

*UN Arrest du Parlement du 11 Avril 1672, rendu entre la Communauté
des Maîtres Experts Jurez Ecrivains, le Sieur Loyauté lors Syndic, & les
Maîtres des petites Ecoles, a été extrait ce qui ensuit.*

A Cour a ordonné & ordonne que les Parties feront diligence de faire
juger dans trois mois l'Instance de Requeste Civile pendante entr'elles au
pport de Monsieur de Catinat, Conseiller en icelle, & cependant sera l'Ar-
st du 2 Juillet 1661 exécuté selon sa forme & teneur. Ce faisant ordonne que
dits Maîtres des petites Ecoles en cas d'entreprise aux Arrests & Reglemens
nnez entre les Parties, ou d'abus, ou de malversations en leur Profession,
urront faire transporter aux Maisons desdits Maîtres Ecrivains un Huissier de
Cour pour y faire sa visite, à laquelle pourra assister un Maître des petites
coles, pour indiquer seulement ceux desdits Maîtres Ecrivains qui auront
mmis lesdites entreprises, contraventions, abus & malversations, dont sera
esté Procès-verbal par ledit Huissier, pour ce fait & rapporté être fait droit;
nt le surplus des Requestes à l'Instance Civile, pour en jugeant y avoir tel
ard que de raison, dépens réservez. Fait en Parlement le 11 Avril 1672.

*Nota. Est à observer qu'il n'est point permis aux Maîtres d'Ecole, d'entrer
ez le Maître Ecrivain lorsqu'ils y vont en saisie.*

PARIS, chez P. PRAULT, Imprimeur des Fermes & Droits du Roi,
Quai de Gêvres, au Paradis. 1754.